Marte

J.P. Bloom

Abdo
PLANETAS
Kids

abdopublishing.com

Published by Abdo Kids, a division of ABDO, PO Box 398166, Minneapolis, Minnesota 55439.

Printed in the United States of America, North Mankato, Minnesota.

052016

092016

 THIS BOOK CONTAINS RECYCLED MATERIALS

Spanish Translator: Maria Puchol, Pablo Viedma

Photo Credits: iStock, NASA, Shutterstock, Thinkstock, © G.Hüdepohl / CC-SA-3.0 p.21

Production Contributors: Teddy Borth, Jennie Forsberg, Grace Hansen

Design Contributors: Laura Rask, Dorothy Toth

Publishers Cataloging-in-Publication Data

Names: Bloom, J.P., author.

Title: Marte / by J.P. Bloom.

Other titles: Mars. Spanish

Description: Minneapolis, MN : Abdo Kids, [2017] | Series: Planetas |
    Includes bibliographical references and index.

Identifiers: LCCN 2016934899 | ISBN 9781680807547 (lib. bdg.) |
    ISBN 9781680808568 (ebook)

Subjects: LCSH: Mars (Planet)--Juvenile literature. | Solar system--Juvenile
    literature. | Spanish language materials--Juvenile literature.

Classification: DDC 523.43--dc23

LC record available at http://lccn.loc.gov/2016934899

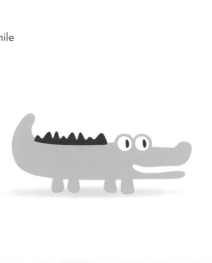

Contenido

Marte 4

El aire en Marte 12

El planeta rojo 14

Estaciones 18

Marte desde la Tierra 20

Más datos 22

Glosario 23

Índice 24

Código Abdo Kids 24

Marte

Marte es un **planeta**. Los planetas **orbitan** alrededor de las estrellas. Los planetas en nuestro sistema solar orbitan alrededor del sol.

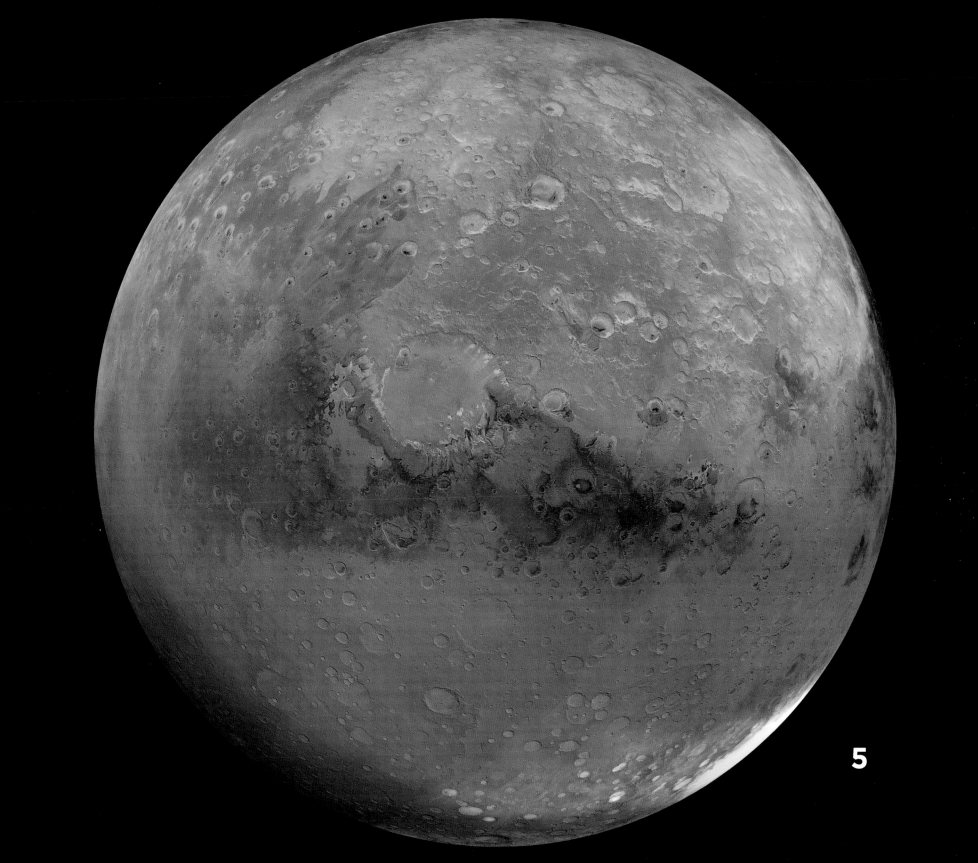

5

Marte es el cuarto **planeta** más cercano al sol. Está alrededor de 142 millones de millas (229 millones de km) del sol.

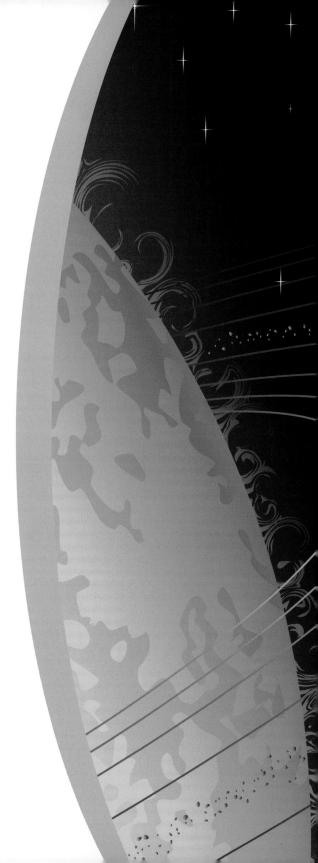

Venus

Marte

Saturno

Neptuno

Urano

La Tierra

Júpiter

Mercurio

7

Marte hace una **órbita** completa
alrededor del sol cada 687 días.
Una año en Marte es 1.8 años en
la Tierra.

Sol

Marte

Marte rota mientras está en órbita. Una rotación completa tarda un poco más de 24 horas. Un día en Marte es más o menos lo mismo que un día en la Tierra.

Marte
4,212 millas
(6,780 km)

La Tierra 7,918 millas (12,743 km)

El aire en Marte

En Marte el aire es muy poco denso. Está compuesto en su mayoría de un gas llamado dióxido de carbono.

12

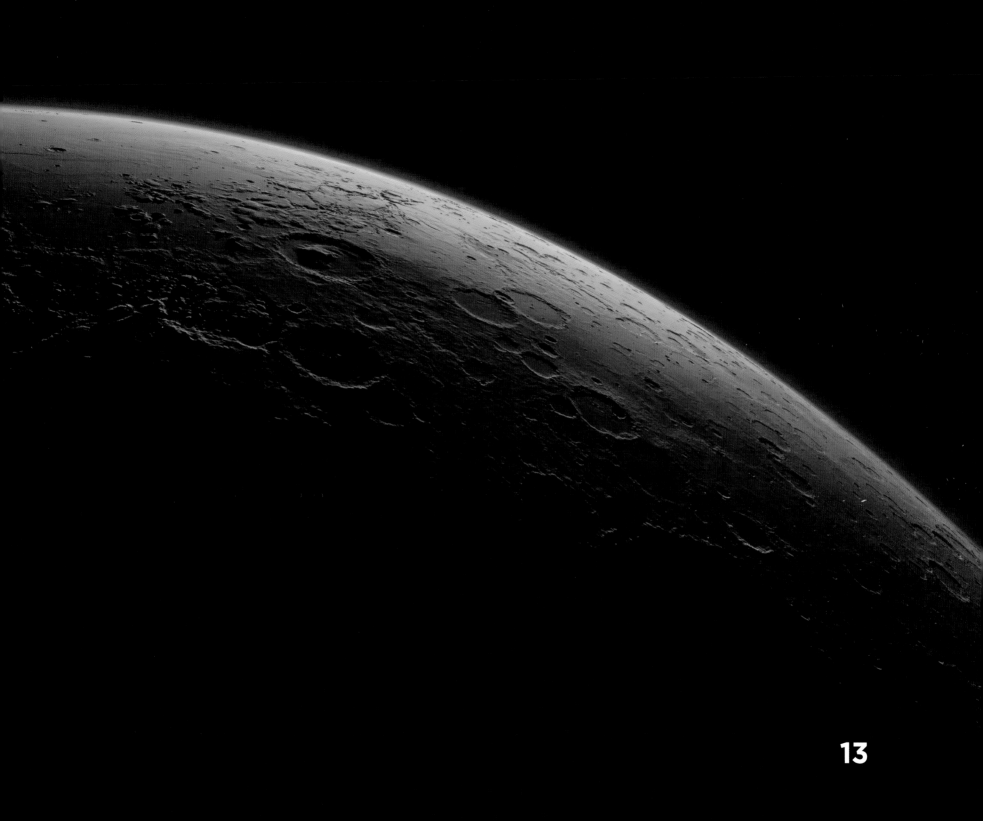

El planeta rojo

Un polvo rico en hierro cubre Marte. Eso hace que Marte se vea rojo.

15

Marte es muy seco. Puede hacer mucho viento. El viento causa grandes **tormentas de polvo**.

clima normal

tormenta de polvo

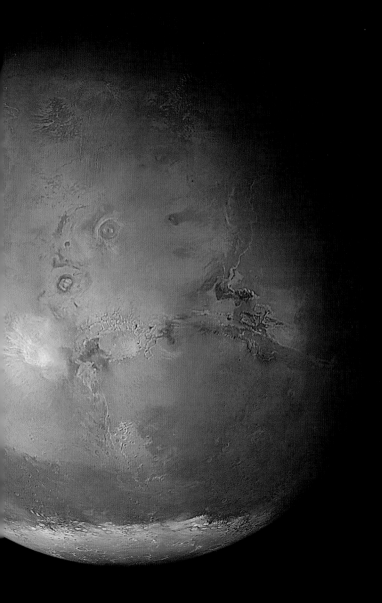

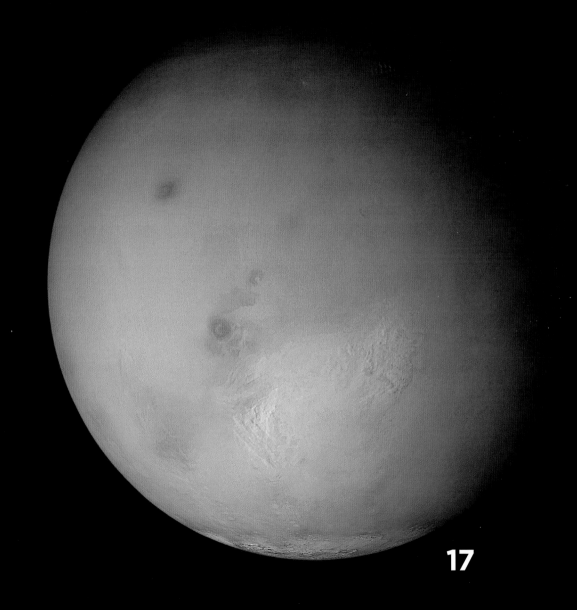

17

Estaciones

Marte está inclinado como la Tierra. Tiene estaciones como la Tierra pero duran más tiempo.

Marte desde la Tierra

Se puede ver Marte desde

la Tierra por la noche.

¡Solamente tienes que saber

hacia dónde mirar!

Marte

21

Más datos

- Marte es el segundo planeta más pequeño. Mercurio es el más pequeño.

- Marte tiene la montaña más grande de nuestro sistema solar. Se llama el Monte Olimpo. Es tres veces más alto que el monte Everest, la montaña más alta de la Tierra.

- Algunos científicos han descubierto que posiblemente exista o haya exisistido alguna vez en Marte agua en estado líquido. Sobre la Tierra el agua significa vida. Hoy en día los científicos todavía están intentando encontrar pruebas de vida en Marte.

Glosario

órbita – trayectoria de un objeto espacial que se mueve alrededor de otro objeto espacial. Orbitar es moverse en esa trayectoria.

planeta – objeto espacial grande y redondo (como la Tierra) que gira alrededor de una estrella (como el sol).

tormenta de polvo – fuerte viento que arrastra polvo, tierra y arena.

Índice

aire 12

clima 16

color 14

estaciones 18

gas 12

inclinación 18

órbita 4, 8, 10

polvo 14, 16

rotar 10

situación en el espacio 6

sol 4, 6, 8

Tierra 8, 10, 18, 20

abdokids.com

¡Usa este código para entrar en abdokids.com y tener acceso a juegos, arte, videos y más cosas!

Código Abdo Kids:
PMK7174